19 Mars 1894.

V

VENTE VOLONTAIRE

Par suite du Décès de Mme J. R.

Beau Mobilier

GARNISSANT

Un Appartement et une Villa

EXPOSITION PUBLIQUE

Le Dimanche 18 Mars 1894, de 2 heures à 6 heures

HOTEL DROUOT, SALLE N° 6

COMMISSAIRE-PRISEUR	EXPERT
Me Jules BONNIN	M. B. LASQUIN
Rue Taitbout, 62	Rue Laffitte, 12

Paris - 1894

IMPRIMERIE MAULDE et RENOU

A. MAULDE & Cie

IMPRIMEURS DE LA COMPAGNIE DES COMMISSAIRES-PRISEURS

Rue de Rivoli, 144. — Paris

CATALOGUE

D'UN

BEAU MOBILIER

Garnissant un Appartement et une Villa

BRONZES D'ART

de Paul Dubois, Carpeaux, Duret, Carrier-Belleuse, etc.

Bronzes du Japon et d'Ameublement, Sculptures en marbre et terre cuite
Porcelaines de Saxe, Faïences artistiques

TABLEAUX & GRAVURES

Salon de style Louis XVI, belle Chambre à coucher de style gothique
en bois sculpté

Meubles en vernis Martin, genre Louis XV, Salon oriental
Salles à manger genre Renaissance, en bois sculpté

PIANOS D'ÉRARD, DE SOUFLETO, INSTRUMENTS DE MUSIQUE

Riches Tentures en peluche, en soie et en toile brodée

TAPISSERIES ANCIENNES

Tapis de Smyrne et en moquette

VAISSELLE, CRISTAUX GARNIE D'ARGENT, LITERIE, BATTERIE DE CUISINE

LIVRES

DONT LA VENTE VOLONTAIRE AURA LIEU

Par suite du décès de M^m J. R.

HOTEL DROUOT — SALLE N° 6

Les Lundi 19, Mardi 20 et Mercredi 21 Mars 1894

A DEUX HEURES

Par le ministère de Me Jules **BONNIN**, Commissaire-Priseur,
rue Taitbout, 62

Assisté de **M. B. LASQUIN**, Expert, rue Laffitte, 12

CHEZ LESQUELS SE TROUVE LE PRÉSENT CATALOGUE

EXPOSITION PUBLIQUE

Le Dimanche 18 Mars 1894, de 2 heures à 6 heures

CONDITIONS DE LA VENTE

Elle sera faite au comptant.

Les Acquéreurs paieront CINQ POUR CENT en sus des enchères, applicables aux frais.

A. MAULDE et Cⁱᵉ, imprimeurs de la Compagnie des Commissaires-Priseurs,
rue de Rivoli, 144   500—40645

DÉSIGNATION DES OBJETS

BRONZES D'ART

1 — Groupe en bronze de Barbienne : *La Charité*, d'après PAUL DUBOIS.

2 — Statuette de *Flore*, bronze de CARPEAUX.

3 — Statuette en bronze : *Faune couché sur une outre*. Socle en peluche.

4 — Deux Statuettes de *Danseurs napolitains*, en bronze, d'après DUCRET.

5 — Deux Figurines de *Danseurs*, d'après CARRIER-BELLEUSE, en bronze.

6 — Groupe en bronze : *Le Baiser*, d'après HOUDON, sur fût en marbre blanc.

BRONZES D'AMEUBLEMENT

7 — Garniture de cheminée en marbre blanc, bronze patiné et bronze doré, genre Louis XVI, comprenant : une Pendule en forme de char traîné par un lion et des enfants bacchants, et deux petits Candélabres à trois lumières soutenues par des enfants assis.

8 — Petite Coupe en albâtre sur trépied en bronze doré.

9 — Belle Garniture composée d'un grand Vase de forme orientale en émail cloisonné, de BARBEDIENNE, monté sur trépied à griffons en bronze doré et de deux Candélabres à six lumières, de même travail.

10 — Deux grands Candélabres formés de vases, en porcelaine bleue, avec montures à bases et bouquets de lis en bronze doré.

11 — Deux Seaux Louis XV, en cuivre repoussé et argenté, à godrons, feuillage et ornements.

12 — Brasero en forme de vase à trois pieds et surmonté d'un dragon en bronze japonais.

13 — Deux Vases balustres en bronze japonais décorés de dragons en relief.

14 — Jardinière ovale en bronze du Japon.

15 — Jardinière ronde à trépied en bronze japonais.

16 — Deux Candélabres à trois lumières en cuivre poli, genre Renaissance.

17 — Deux grands Candélabres à sept lumières, en bronze argenté de style grec.

18 — Garniture de Cheminée en porcelaine et bronze doré de goût chinois, composée : d'une Pendule en forme de gong et de deux Candélabres à trois lumières.

19 — Pendule en forme de grosse montre en cuivre gravé.

20 — Deux Lampes formées de vases en porcelaine haricot rouge, montées en bronze.

21 — Deux Vases en émail cloisonné du Japon.

22 — Deux Vases, forme losangée, en cuivre argenté et repoussé, de style japonais.

23 — Deux Lampes en poterie de Satzuma.

24 — Candélabre à neuf lumières supporté par des figures accroupies. Genre Renaissance.

25 — Deux Gobelets en métal persan.

26 — Deux Flambeaux à quatre lumières, en cuivre poli découpé. Style gothique.

27 — Deux petites Appliques à deux lumières, en cuivre poli.

28 — Galerie de foyer avec Porte-Pelle de style flamand, en cuivre poli.

29 — Petite Suspension à six bougies, en cuivre, de style oriental.

30 — Petit Lustre en bronze, garni de cristaux.

31 — Lampe à pétrole, montée sur pied élevé, en cuivre, genre chinois.

32 — Flambeau persan en cuivre gravé, monté en lampe.

33 — Lampe à deux becs en métal argenté.

34 — Deux Lampes à pétrole, l'une en porcelaine.

35 — Bougeoir à réflecteur en métal argenté.

36 — Une Lampe sur son support, torchère en fer forgé.

37 — Deux Lampes en poterie de Satzuma, montées en bronze.

38-49 — Objets d'étagère et Ustensiles de bureau, Bougeoirs à appliques.

SCULPTURES

50 — Statuette de Femme assise. Marbre blanc sculpté, par PFIFFER.

51 — Statuette de Mandoliniste, marbre blanc, par OLDOFREDI.

52 — Buste de *Gavroche*, en marbre blanc, par FECCHI, de Milan.

53 — Statuett d'*Amour endormi*, terre cuite.

54 — Deux Statuettes d'*Indiens*, en terre cuite, avec vêtements en étoffe.

55 — Groupe en terre peinte : *Famille de Chats*.

56 — Statuette d'après l'antique, en marbre blanc.

57 — Statuette en terre cuite : *Mascotte*.

58 — Statuette en terre cuite : *Femme portant une gerbe*.

59 — Diverses Statuettes en terre cuite.

60 — Deux Coupes en albâtre.

TABLEAUX & GRAVURES

61 — **Buland** (Eugène). *On a souvent besoin d'un plus petit que soi. Buveurs*. (Salon de 1892.)

62 — **Groegaert** (Georges, 1888). *Jeune Dame lisant*.

63 — **Hillemacher** (E.) *La Vaccine, intérieur villageois*. Scène de cinq figures.

64 — **Palizzi**. *Le Déjeûner des lapins*.

65-67 — Aquarelles.

68-69 — Photogravures de GOUPIL : *Les Femmes savantes. — L'Indiscret. — Un Baptême sous le Directoire*.

70 — Deux Sujets d'Emile BAYARD.

71 — Gravures diverses.

72 — Photographies encadrées.

PORCELAINES DE SAXE, FAIENCES ARTISTIQUES
ET OBJETS DIVERS

73 — Pendule et deux Candélabres à cinq lumières en porcelaine de Saxe moderne, à figurines des Saisons et fleurs en relief.

74 — Miroir de même porcelaine, garni de porte-lumières.

75 — Une petite Armoire en faïence décorée, genre Louis XV.

76 — Une Harpe en faïence.

77 — Un Groupe de deux Figures, deux Bouts-de-Tables en porcelaine décorée.

78 — Groupe en porcelaine décorée, genre Saxe, représentant un carrosse attelé.

79 — Porte-Bouquet en faïence : *Femme portant une urne.*

80-82 — Vases Porte-Bouquets en faïence artistique.

83-84 — Assiettes et Plats en faïence ancienne.

85 — Un Violon et une Mandoline en faïence décorée.

86 — Deux Appliques à trois lumières, genre Louis XV, en porcelaine moderne de Saxe.

87 — Garniture de trois Vases en terre du Japon, dorée en partie.

88-89 — Jardinière et deux grands Cornets en verrerie artistique.

90 — Jardinière et son support à trépied de griffons, en faïence artistique turquoise.

91 — Jardinière en faïence décorée, par Ch. VOLKMAR, sur son support en bois noir, genre chinois.

92 — Deux Jardinières d'appliques en faïence ancienne.

93 — Deux Vases Porte-Bouquets en faïence de Milan.

94 — Figurines en terre et en faïence.

95 — Garniture de trois Jardinières en faïence, genre Moustiers.

96 — Deux Vases en porcelaine moderne de Chine.

97-98 — Deux Vases à fleurs carrés et deux paires de Cache-Pot en faïence.

99 — Chimère en terre émaillée de Chine.

100 — Deux Vases cylindriques en porcelaine du Japon, décor bleu.

101-104 — Quatre Cartels en faïence artistique.

105-110 — **Objets divers** : Vide-Poches, Corbeilles, Ecrans. en vannerie et étoffe, Tambourins, Pièces de cotillon, etc.

PIANOS ET INSTRUMENTS DE MUSIQUE

111 — Piano demi-queue en bois noir de chez Érard (n°52278).

112 — Piano droit en palissandre, de Soufleto.

113 — Pianista de Thibouville-Lamy en palissandre, avec nombreux airs.

114 — Organista de Thibouville, avec nombreux airs.

115 — Petit Orphéon en palissandre.

MEUBLES ET TENTURES

SALONS

116 — Joli Meuble formant piédestal, ouvrant à une porte et accoté de deux étagères, en bois très finement ciselé, à motifs de rinceaux, à feuillages dorés, de style Louis XVI.

117 — Paravent à deux feuilles, de forme contournée, genre Louis XV, en bois finement sculpté, orné de peintures sur satin bleu représentant des fleurs.

118 — Petit Écran vide-poche en broderie à fleurs sur fond rose.

119 — Table à jouer en marqueterie, avec dessus à damier.

120 — Chaise à porteurs décorée de peintures, genre Louis XV, et transformée en vitrine.

121 — Garnitures de deux fenêtres, de six portes et d'une baie en imitation de tapisserie au point à fleurs sur fond crème.

122 — Canapé et trois Coussins garnis de même étoffe.

123 — Deux Fauteuils confortables capitonnés en satin marron et bordés de peluche rouge.

124 — Un petit Canapé capitonné en satin paille, bordé de peluche bleue.

125 — Chaise-Coussin garnie en broderie chinoise sur satin bleu.

126 — Tabouret de piano en bois noir.

127 — Meuble à hauteur d'appui, en marqueterie de cuivre, d'écaille et bois noir, orné de bronzes dorés, genre BOULLE.

128-129 — Deux petits Meubles à deux corps, formant vitrine et étagère en bois de noyer sculpté, à ornements, genre Louis XVI.

130 — Guéridon en palissandre.

131 — Lustre en verre de Venise, à dix-huit lumières.

132 — Ameublement de salon en cretonne à fleurs et ornements, composé de deux Divans à dossiers capitonnés, quatre Fauteuils et quatre Chaises légères en bois noir.

133 — Garnitures de six portes en cretonne pareille avec lambrequins drapés.

134 — Tabouret de piano.

135 — Tabouret X en bois doré, façon bambou.

TAPISSERIES ANCIENNES

136 — Suite de cinq Tapisseries du xvie siècle, représentant des sujets de chasse, des animaux et des oiseaux, encadrées de portiques à colonnes supportant une frise à petites figures se jouant des ornements, à entrelacs, fleurs et fruits.

137 — Grande Tapisserie du xvie siècle, à sujet de verdure, avec oiseaux, animaux divers et balustrade au premier plan supportant des vases de fleurs et encadré de colonnes à cariatides réliées par des draperies et un motif à mascarons.

SALON ORIENTAL

138 — Jolie Tenture avec plafond en étoffe de soie rouge et rayures de couleur simulant des portiques de style oriental, avec deux garnitures de fenêtres et deux portières de même étoffe; Tablette de cheminée et entourage de glace.

139 — Grand Divan d'angle garni de même étoffe capitonnée.

140-142 — Dix Coussins en broderie orientale, à fils métalliques et soierie de nuances variées.

143-144 — Quatre autres Coussins en étoffe et broderie orientales.

145 — Meuble formant cabinet et étagère, composé de panneaux incrustés de burgau, de travail tonkinois, sur son support de même style.

146 — Fauteuil-Coussin en peluche et broderie orientale.

147-148 — Deux Pouffs divers, broderie orientale et peluche.

149 — Deux Fauteuils en osier garnis d'étoffe.

150 — Chaise écossaise à dossier en cornes de buffles.

151 — Quatre Volets de croisées en vitraux artistiques, représentant des figures de Danseuses et de Musiciens en costumes orientaux.

152-156 — Sept petites Tables de fantaisie en bois noir, laque et étoffe et deux supports de style chinois.

157 — Étagère en bambou et laque, genre japonais.

158 — Porte-Cannes en bois noir en forme de fer à cheval.

159 — Petit Support en bambou avec petits plateaux laqués.

160 — Deux Divans d'angle en tissu quadrillé (toile soleil), sur fond d'andrinople.

161 — Garnitures de deux fenêtres et de trois portières de même étoffe et une Garniture de cheminée.

SALLES A MANGER

162-164 — Ameublement de salle à manger en bois noir mouluré et sculpté, comprenant : Un Buffet à deux corps et à colonnettes, genre Henri II, une Table à trois rallonges, un Dressoir.

165 — Une Servante en bois noir s'élevant à coulisses.

166 — Huit Chaises en bois noir, garnies de panne rouge.

167 — Deux Rideaux de fenêtre, cinq Portières doubles en peluche de lin rouge garnie de larges ornements soutachés en jaune.

168 — Parement de cheminée de même étoffe.

169-174 — Ameublement de salle à manger en bois richement sculpté, de style Renaissance, à cariatides, sujets de figures, mascarons et ornements.

Il est composé d'un grand Buffet surmonté d'une étagère; deux Crédences ouvrant à deux portes; deux Dressoirs étagères; une Table ovale à piétement orné de figures; douze Chaises, genre Henri II, garnies de toile granitée à bandes rouges.

175 — Garnitures de trois fenêtres et de trois portes en toile granitée, doublée d'andrinople.

176 — Une Suspension formant lustre en fer forgé, genre Renaissance.

177 — Quatre Appliques à quatre lumières de même style.

CHAMBRES A COUCHER

178 — Grand et beau Lit de milieu en noyer sculpté, de style gothique, à ogives et fleurons. Le chevet surmonté d'un fronton, il est accompagné d'un Baldaquin de même style.

179-180 — Deux Tables de nuit en forme de petites crédences gothiques, en noyer sculpté et garnies de ferrures.

181 — Grande Crédence à pans coupés, composée de panneaux gothiques à ornements ogivaux.

182 — Petit Meuble, genre Renaissance, ouvrant à deux portes, monté sur un support à tiroir, en bois sculpté.

183 — Petit Meuble-Secrétaire ouvrant à abattant, en bois sculpté, à médaillon de jeux d'enfants et orné de cariatides.

184 — Très riche Tenture de chambre à coucher en peluche de soie bleue galonnée de passementeries à fil d'or. Elle comprend : la Tenture murale avec plafond; deux Garnitures de fenêtres avec doubles rideaux de satin forme broché à fleurs de lis et trois Portières et une Tablette de cheminée, Rideaux de lit et Couvre-Lit.

185 — Une Chaise longue et deux Fauteuils forme carrée, garnis de même étoffe que la tenture.

186 — Beau Lit de style Louis XV, en bois sculpté et doré, à ornements rocaille, décoré de peintures d'après Watteau, exécutées au vernis Martin.

187 — Meuble à hauteur d'appui, de style Louis XV, et de forme contournée en bois de placage orné de chutes à ornements en bronze doré, il ouvre à une porte décorée au vernis Martin. Dessus de marbre brèche.

188 — Encoignure en vernis, genre Martin, aventurinée, décorée d'un sujet de deux figures dans des ornements genre Louis XV et garnie de bronzes.

189 — Gaine, genre Louis XV, à quatre faces, décorée au vernis, genre Martin, de gracieux ornements enguirlandés de fleurs et garnie de bronzes.

190 — Petit Bureau de dame, style Louis XV, ouvrant à cylindre brisé, en bois de rose et amarante, garni de chutes en bronze ciselé et doré.

191 — Commode Louis XIV, à trois tiroirs en bois de placage.

192 — Deux Tables-Chiffonnières, de style Louis XV, de forme oblongue, en bois de rose et satiné. Elles ouvrent à coulisse et renferment des tiroirs. Dessus de brocatelle avec galerie de cuivre.

193 — Petite Table décorée au vernis Martin.

194 — Lit capitonné en satin rouge et laine blanche avec sa literie.

195 — Tenture du lit à baldaquin, une Garniture de fenêtre et une Portière simple de même étoffe.

196 — Deux Fauteuils et une Chaise longue, garnis de même étoffe.

197 — Toilette à dessus de marbre.

198 — Trois Fauteuils et une Chaise longue garnis d'andrinople et de cretonne.

199 — Deux Chaises légères en bois doré, garnies de même étoffe.

200 — Garnitures de trois fenêtres et de deux portes en cretonne à petites corbeilles de fleurs, tablette de cheminée.

201 — Glace bordée de même étoffe.

202 — Lit en bois noir à colonnettes cannelées, genre Louis XVI.

203 — Toilette à dessus de marbre.

204 — Table à thé anglaise avec service en porcelaine.

205 — Ameublement en pitchpin et bambou : Lit, Commode, Table de nuit, Psyché.

206 — Rideaux de lits et de fenêtres en cretonne à fleurs.

207 — Lit capitonné en cretonne.

208 — Tables pliantes.

209 — Lavabos.

CABINETS DE TOILETTE

210 — Tenture murale avec plafond : deux Rideaux de fenêtres, quatre Portières en toile granitée, écrue, brodée à plantes, à fleurs et oiseaux avec garniture de cheminée.

211 — Chaise longue capitonnée en étoffe brochée à rayures.

212 — Grande Toilette à deux cuvettes, en bambou et laque et dessus en marbre avec réservoir.

213 — Grande Glace bordée de bambou.

214 — Psyché montée en bambou.

215 — Étagère, genre japonais, en bambou et laque, ouvrant à deux portes.

216 — Étagère plus petite.

217 — Deux petites Tables en bambou.

218 — Deux Chaises en bambou.

219 — Chaise longue et Chaise garnie en soie brochée à rayures, genre Louis XVI.

220 — Glace-Psyché en imitation de bambou.

221 — Deux grandes Glaces bordées d'andrinople.

222 — Grande Toilette à dessus de marbre blanc, avec sa double garniture en faïence.

223 — Chaise longue en osier, garnie de toile et d'andrinople.

224 — Rideaux de croisée à portière simple, de même étoffe.

225 — Une Toilette-Lavabo à réservoir, en pitchpin.

226 — Petite Table garnie de peluche marron, deux Fauteuils pliants.

227 — Toilette à dessus de marbre.

228 — Paravent à quatre feuilles en toile et andrinople.

229 — Table à jouer à pieds fuselés et cannelés.

230 — Toilette à dessus de marbre et sa garniture en faïence.

231 — Quatre Carafons en verre de couleurs avec garnitures d'étain, de style Renaissance.

232 — Baignoire et Appareil de chauffage.

233 — Table pliante avec miroir garni de peluche.

SALLE DE BILLARD

234 — Billard en palissandre de F. GERDERES, avec ses accessoires.

235 — Suspension de Billard à deux lampes.

236 — Grand Divan d'encoignure garni de toile et d'andrinople, genre oriental.

237 — Autre Divan d'angle garni de même étoffe.

238 — Petit Meuble-Étagère en bambou et laque.

239 — Un Meuble analogue, plus étroit.

240 — Une Encoignure-Étagère en bambou et natte.

241 — Petit Billard incliné, en palissandre.

242 — Six Sièges divers en bois tourné, garnis de paille tressée en couleurs.

243 — Table d'osier garnie d'étoffe.

244 — Un Fauteuil bascule en bois courbé.

245 — Garnitures de trois fenêtres et de deux portes en toile, appliquées de figures et de fleurs, en andrinople brodée.

VESTIBULES ET ANTICHAMBRES

246-247 — Deux Banquettes italiennes à dossier et accotoirs en bois sculpté et marqueterie, de style Renaissance.

248 — Deux Chaises de même travail.

249 — Six Chaises de style Louis XIII, à haut dossier, en bois sculpté garnies de cuir gaufré à figures et ornements rehaussés de dorure.

250 — Lanterne d'antichambre en fer forgé.

251 — Deux Rideaux de fenêtre et trois Portières doubles en toile brochée, dessin oriental, une Tablette de cheminée.

252 — Trois Portières en andrinople.

253 — Fauteuil de style Louis XIII, en bois sculpté, garni de cuir gaufré.

254 — Six Chaises paillées en couleur.

255 — Deux paires de Jardinières en vannerie.

256 — Un Vase cylindrique porte-parapluie en faïence.

257 — Une Lanterne en fer forgé.

258 — Coucou en bois sculpté.

TAPIS

259 — Beau Tapis oriental à fond bleu couvert d'arabesques en couleurs.

260-263 — Quatre Tapis d'Orient à dessins variés.

264-266 — Trois Tapis en fourrure.

267-272 — Tapis en moquette rouge.

273-277 — Tapis en moquette.

278 — Rideaux divers.

279 — Bannes, Stores en coutil.

VAISSELLE ET VERRERIE

280 — Douze Verres à Bordeaux à pied en argent.

281 — Six Carafes à vin avec couvercles en argent.

282 — Deux Brocs à bière, garnis d'argent.

283 — Quatre Raviers, forme de feuille, garnis d'argent.

284 — Deux Carafes en forme de canards, avec corps en cristal et bec, queue et pattes en argent.

285 — Deux autres Carafes en forme de perroquet.

286 — Services en verrerie, comprenant trois sortes de verres à différents vins.

287-288 — Services de table en faïence décorée d'oiseaux, en faïence genre Nevers.

289 — Services à café.

290 — Différents Plateaux de service.

---

291 — Batterie de cuisine.

292 — Meubles d'office, Machine à couteaux, Lanternes, Tables, Chaises, Échelle double, Fontaine en faïence.

29? — Literie.

LIVRES

294 — Environ **350 volumes** brochés : Romans modernes.